AF586403

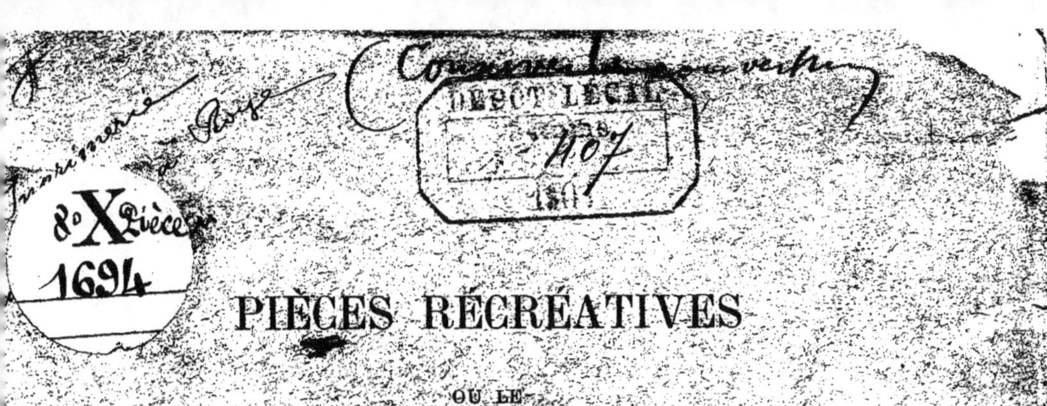

PIÈCES RÉCRÉATIVES

OU LE

PATOIS PICARD

Nouvelle édition en patois de Démuin

PUBLIÉE

PAR ALCIUS LEDIEU

PARIS
J. GAMBER, LIBRAIRE
2, rue de l'Université
1904

ROYE. — IMP. H. JEANSON

PIÈCES RÉCRÉATIVES

OU LE

PATOIS PICARD

Dans mon enfance, j'ai entendu déclamer un jour par un vieux maître d'école un sermon en patois picard et un récit dans le même dialecte d'une visite faite par un paysan à la cathédrale d'Amiens.

Quelques passages de ces deux morceaux amusants et cocasses m'avaient frappé et m'étaient restés dans le souvenir.

Dernièrement, le hasard, — qui vient si souvent en aide aux chercheurs, — m'a fait rencontrer une brochure d'une excessive rareté, bien qu'elle ait eu les honneurs de plusieurs éditions à Amiens et à Beauvais. Elle porte pour titre: *Pièces récréatives ou le patois picard.* A Gibitonne, 1823. In-12. 24 pages.

Je connaissais depuis longtemps l'existence de cette plaquette, mais je n'en avais jamais vu d'exemplaire.

La première pièce de ce recueil, qui occupe les pages 1 à 10, est intitulée: « Dialogue curieux et intéressant entre deux Picards concernant la Ville et l'Eglise d'Amiens. » En commençant à lire ce morceau, il me sembla que j'étais en pays de connaissance. Je poursuivis ma lecture; des passages tout entiers me revenaient à la mémoire. Je ne me trompais point, c'était le dialogue que j'avais entendu déclamer quelque quarante ans auparavant.

J'en fus tout à fait convaincu après avoir lu la seconde pièce de cette brochure, qui va de la page 11 à la page 23; c'est un sermon prononcé par un curé sur le texte *Reddite quœ sunt Cœsaris Cœsari et quœ sunt Dei Deo.* Cette seconde pièce est suivie du mot fin, mais, comme il restait une page blanche, on a inséré à la page 24 un petit dialogue semi-picard et français entre deux paysannes et un médecin.

Dans son *Glossaire du patois picard,* l'abbé Corblet a mentionné les *Pièces récréatives.* Voici ce qu'il en a dit: « Ce recueil, souvent réimprimé à Amiens et à Beauvais, contient: 1° dialogue curieux et intéressant entre deux Picards concernant la cathédrale d'Amiens; 2° sermon de messire Grégoire sur ce texte: *Reddite quœ sunt Cœsaris Cœsari*; 3° dialogue entre deux petites paysannes et un médecin. Le sermon doit être du XVIIIe siècle, car messire Grégoire se plaint de ce qu'on ne lui paie pas la dîme, et de ce que les femmes vont à l'église avec des masques de velours. Mais le texte primitif a dû être altéré. On y a fait des additions dans les éditions modernes, où figurent les noms de Mirabeau et de Lafayette. »

Quatre ans auparavant, en 1819, une autre édition avait paru encore à Gibitonne (Beauvais?), et, plus tard, ce recueil était réédité à l'imprimerie Moisand à Beauvais.

Le sermon picard sur le texte *Reddite quœ sunt Cœsaris Cœsari et quœ sunt Dei Deo* est attribué dans certaines éditions à un curé d'Urville, qui l'aurait prononcé le jour de Saint-Remi. Or, aucune paroisse de ce nom n'a existé ni n'existe en Picardie. Comme pour Gibitonne, on se trouve en présence d'un nom de lieu imaginaire.

L'attribution par l'abbé Corblet de ce sermon au XVIIIe siècle paraît très plausible, et il doit en être de même pour le *Dialogue curieux*.

L'auteur de ces pièces ne s'est point fait connaître. Il n'est peut-être pas téméraire de supposer qu'il appartenait au clergé picard; il serait même fort possible qu'il fît partie du chapitre de la cathédrale d'Amiens. Pour appuyer cette hypothèse, on pourrait invoquer la double particularité signalée plus haut sur deux noms de lieux supposés, Gibitonne et Urville.

J'ai pensé qu'il y a un véritable intérêt de curiosité à publier de nouveau ces trois pièces, dont le récit s'en fait peut-être encore de nos jours dans quelque coin obscur de la Picardie.

En même temps, ce sera pour moi l'occasion d'appliquer à l'écriture de notre vieux patois, — ma langue maternelle, — des règles orthographiques que j'espère livrer prochainement à la publicité.

Je dois déclarer que, pour la réimpression de cette rarissime plaquette, je n'ai point cru devoir suivre la méthode, — ou mieux l'absence de méthode de l'auteur. Tout en tenant compte autant que possible de la phonétique, je me suis conformé à l'analogie française.

Le patois de l'auteur me paraît être celui qui était parlé aux confins du Santerre et du Vermandois, dans les villages situés entre Roye et Péronne.

J'ai traduit ces trois pièces dans le patois actuel de Démuin, parce qu'il est le seul que je connaisse complètement. J'ai dû remplacer certains mots qui, s'ils étaient employés au dix-huitième siècle, ne sont plus usités de nos jours.

ALCIUS LEDIEU.

I

DIALOGUE

Curieux et Intéressant

ENTRE DEUX PICARDS

Concernant la Ville et l'Église d'Amiens

D. — A propous, éche copére, iou que ch'est que tu t'en allois si bien écarbouillè dessur ten beudet? T'avois l'air d'un prélot; si t'avoi ieu te béle jupe-laine éde toile blanque et pi tes cœuche éde tiretaine aveu un quiout molé de frinne su te téte, o t'éroit prins, sans comparaison, pour un monsieur: t'étoi infiquè dessur ten beudet comme enne poire d'épinche su le dous d'un quien. Iou que ch'est que t'allois, don, si bien grimpè?

R. — Ma foi, men copére, éje m'en alloi Amiens.

D. — Dis-mé un peu, foit-ti bieu lo?

R. — Bè, men copére, i feut témoingner qu'i n'o point de villache da che poys-chi dé le tornure-lo.

D. — Quoi que tu y allois foire?

R. — Jé y allois pour un bigre éde massaque éde procés qu'i me foi arager. Chetapendant, éje crois que jé le gaingnerai, car i n'o de braves gens qu'is y besongne-té rudemen; ch'est, ma foi, des gens d'afute. Il ont des justaucorps tout embarbouillès d'argent; il ont des femme si béles et si bien norries qu'il ont dé le graisse jusqu'à leus talon.

D. — Dis-mé un molé quement-jou qu'Amiens est foit.

R. — Bè, men copére, i n'o point de villache da che poys-chi si chenu qué cheti-lol. Un quiout molé édevant d'y entrer, jé n'n étois tout ébeubi à forche éde vir des moison pi des cloquer; el couverture éde ches moison ch'étoit ni pire ni moins éque du flan grillè; ches cloquer il étaint d'enne diante éde heuteur. J'ai avanchè coire un molé pu loin; j'ai vu lo des fonsé comme des grannés vallèe; aprés lelo, éje sut entrè par enne porte qu'al étoit foite par en heut comme el muraile éde nou église-lo; j'ai ravisiè des rue tout de bout en bout perchèes tout de travers; i n'o tant de cailleu dedens, i sont si bien arrengès à tére éque tu ne mettrois point ten pied à tére éque tu né le poserois dessur des cailleu. I n'o tant de moison qu'i sont attaquèes ensanne tant qu'i nen o; i sont pleine éde voisiére (*fenêtres*) édepuis en bos jusqu'en heut; i feut mardiu éque j'euche foit pu de cinq chent rue pour trouvoir el moison de men monsieur; jé n'n étois tout ébeubi à forche éde nen vir; tantout, éje rencontrois éd's ormoire tout noirtes, iou qu'i n'avoit des monsieur et pi des moiséle édedens; i n'avoit quate reue tout comme à un car; tantout, éje voyois des monsieur et pi des moiséle qu'i marchain à tére tout comme mi, mais il étaint si legères qu'il éraint seutè pa-dessur éche cloquer de nou villache; il avaint des bayonnette à leu cotè comme éche coute dé che binout de nou fermier. Enfin, à forche éde piétiner, éje sut arrivè à le moison de men monsieur; en arrivant, i m'o foi entrer d'enne étape à papier. Men pofe copére, i n'o tant de papier d'écriture, tant de life édedens, i nen o qu'i sont coire pu grous qué cheti que nou marister i cante édedens. Quant jé li ai ieu contè m'n affoire, jé me sut en allè, et jé me sut décantornè par enne rue iou que j'ai lo ravisiè enne des diante d'églisse qué je n'ai jamois vue dé me vie. I n'o des saint qu'is y sont par gronnèe; i feut qu'i fuche-te accrochès l'un sur l'eute tant qu'i nen o; i n'o lo surtout un grous blite (1) qu'i m'o le minne d'ête pu fort qué che guevo de nou brasseu; il o enne téte comme un toire, des yu si grands qué le calotte éde nou curè; sen nez, ch'est sans comparaison comme enne quiote ruque; ése bouque, ch'est comme enne cœudiére; ses dent, ch'est comme des flageolet; sen menton, ch'est comme un talon de botte; il o enne panche comme enne étape à vaque; ses cuisse, ch'est comme éd's ape tornants; ses pied, ch'est comme des so de troupe; bien tombè qu'il est à pied décœux, pace éque si i li folloit des galoche, i ne gny en foroit, ma foi, comme des péqueret (*bateau*) ; o mettroit ten beudet da l'unne et pi le miéne da l'eute. Oh! ch'est un moite estafier!

Après lelo, j'ai 'tè al l'églisse. I n'o enne porte d'enne heuteur endiablèe; quant i n'éroit deux chent de warat de bisaile d'un car, i n'attendroit po coire en heut; i n'o mordiu lo un bieu tassis; i n'o point de villache da che poys dé le grandeur-lo; os y bouteroit tous ches blè, es'z aveine, es'z éteule éde nou poys.

D. — Est-elle bien si granne qué le granche éde nou fermier?

R. — Oui, je t'en fiche! Ch'est bien dé le tornure-lo; al est enne fois pu lonque, trois fois pu heute qué le granche éde nou fermier, pus éque jé n'n avois du mo à men cou à forche éde heucher me téte pour vir éche combe. En beyan en heut, jé me sut rabuquè mes gamme conte

---

(1) Mendiant. Cette statue colossale est celle de S. Christophe, sur la gauche du portail dit de l'Horloge, du côté droit de la cathédrale

deux saint qu'il étaint couchès à tére, leu panche en heut, sur des lit de fer ganne; ches pied de ches lit, ch'étoit, ma foi, des quien mawais (1). Après que j'ai ieu beyé lelo, j'ai guigné en heut; i se sont boutès à foire des pet su me téte (2); i feut, mordié, qu'i n'n euche-té pétè pu de chent chent. Jerni, men copére, qu'o pète mignonnemen A-miens. Os entendoit des quiouts cul, des moyens et pi des grous; 'a jouoit coire bien miu qué le pipe à mener de nou berger. Quant j'ai ieu bien acoutè tout lelo, jé me sut en allè au fond dé l'l églisse; j'étois recranne qué je n'étois coire qu'en mitan; enfin, éje nen voyois point le bout à forche qu'al est lonque; j'ai ravisiè enne porte qu'al étoit foite comme enne haise (3); j'ai guignè par ches brocreu.

D. — Quoi que tu veux dire par ches brocreu ?

R. — Ch'est des baton croquillès ensanne qu'o voit clair au travers. En guignant don par ches brocreu, jé n'n ai lo vu quator ou quinsse qu'il aboyaint comme des cherchit à l'entour d'enne poule d'Inne (4); i n'avoit des quiouts qu'il avaint des pissatier rouches; il étaint tondus comme des tigneux; il avaint d's éreile comme des roulette à binout; ches quiouts bique i foisaint des cri comme des séris; i nen avoit qu'alloit coire pu grous: d's eutes coire pu grous ; i nen avoit qu'i m'échouïssaint, surtout quant i leu venoi un *Amen* ou un *Cum spiritu tuo*; ches bique i le copaint en deux; i nen avoi un au mitan qu'il avoi un baton blanc da se main; i rouoit dessur tous s'z eutes pour es'zé foire taire; pu fort i

1. Allusion aux deux statues en bronze de deux évêques d'Amiens, Evrard de Fouilloy, 1221-1222 et Geoffroy d'Eu, 1222-1236; elles se trouvent à l'entrée de la nef.

2. Les orgues.

3. La grille du chœur.

4. La maîtrise.

rouoit, pu fort i criaint. I nen avoi un eute qu'il avoi enne grosse béte tortusse (1); al étoi entortillèe da ses bros; i le dégatouilloit pa-desous se panche; ello foisoi un bruit de démon. I nen avoit coire un eute qu'il avoi un outiu comme enne batte à fleyé; i bailloit des quiouts cœup de doigt dessur, 'a sonnoit comme des pet de quien (2).

A ches deux cotè dé l'l églisse, i n'avoit des grous prête assis da des tribuno de pénitence (3); il avaint des pieu de cot sur leu bros; i nen avoit surtout cinq-six alentour dé l'l aütel qu'i plonquaint comme nous poule d'Inne quant i vont couver; i randissain âlentour d'un qu'il avoit da se main un grand baton ganne tortu par éche bout (4); il avoi un long bonnet fin dessus se téte; ch'étoit ni pire ni moins qué le soufflioir éde nou maricho; i m'o sanné à vir qu'i ne savoit wère sen métier, pace qu'i li folloit, ma foi, dé le chandeile en plein midi pour lire da sen life; i laissioit foire tout comme i volaint; il l'habillaint, il l'enharnachaint, i le déharnachaint, ni pire ni moins qu'un guevo.

Vlo tout chan que j'ai vu da le ville d'Amiens. Quoi que tu nen dis, men copére?

R. — Tu me baille appétit d'y aller; nous gens il iront demain mener nou vaque à toire; quant al éro vélè, j'irai porter sen vieu Amiens, et pi os nen palrons nous deux. Adiu, che copére. I n'o aussi loin de chez mi chez ti comme i n'o de chez ti chez mi.

---

1. Le serpentiste.
2. L'ophicléïde.
3. Les chanoines.
4. L'évêque.

II

Sermon picard de Messire Grégoire

REDDITE QUŒ [ERGO] SUNT CŒSARIS CESARI, ET QUŒ SUNT DEI DEO. (1)

(Rendez à César ce qui est à César, et à Dieu ce qui est à Dieu).

Eh bien, mes boins ami, éme vlo ichi à chet-heure. Quoi qu'os nen disez? I feut, aujord'hui, qué je vous prêche et pi qué je vous retire éde ches beue iou qu'os ête queuts tertous et qué je vous remèche da vou droit quemin; ch'est men devoir; acoutez, j'y sut obligè à cœusse éde men métier. Foites don silence, merdaile; ouvrez bien vous yu et pi débouchez vous éreile pour bien aouir el parole éde Diu; égargatez-vous tertous éde canter à le bénoite Vierge *Ave, Maria*.

PREMIER POINT

Reddite, mordinbleu, *quœ sunt Cœsaris Cœsari, et quœ sunt Dei Deo.*

Disez-mé un peu chan qu'a veut dire.

'A veut dire qu'i feu aller sen droit quemin, point par ches quiouts sentier.

1. Matth., Ch. XXII, v. 21.

A che-t-heure, éje m'en vos vous débarbouiller lelo nettemen.

Jé ne peux mic me taire éde vir tout chan qu'os besez. Eje voirai-ti coire rentrer da le maison de Diu tous ches mameséle aveu leu musieu muchè da un masque éde velours treuvé, par iou qu'i beie-te comme des cot qu'i guigne-té par ches catiére? Par ches treu de leu masque éde velours, i vous déclaque-té des flamme éde fu da le poitrinne éde ches joines gairchon; est-ti honnête? Nan, 'a n'est point honnête, honnête point 'a n'est; ch'est tout comme si os alloite déclaquer des planmusse au bon Dieu. Beyez-mé un molé enter deux yu, lion pour vous warder dé che soliau; beyez-mé, Judas; chan qu'os foites, éje crois que ch'est pour vous déguiser; prendez garde qu'o ne vous déguise da l'eute monne. Ch'est-ti qu'os croyez ête sauvès en besant tous ches minne? Nan, nan, os ne l'ètes point, point os ne l'êtes.

Quant os irez buquer à le porte du paradis, et pi qué che portier i vous demandero: « Quèchelo, qui buque si fort? » saint Pierre i vous ravisero par enne quiote fente, et pi i diro à le bon Diu:

— Ch'est ches cache-musieu, frummez-leu le porte; i sont entrès da me moison en leu muchant de mi; jé me muche à men tour. Qu'i s'en voiche-te à tous les diape, qu'i leu diro, tout rengrognè en Diu.

A propous, quèche qu'o prins pi volè ches poire éde men copére Caillette? Il ont tout prins da sen gardin. Si quéqu'un y euche 'tè, o leus éroit cassè bros et gamme; à les vir ensanne, mi je crois que ch'est 'tè eux; ess'zé vlo comme éd's épeutaire da ches camp. Eje vodrois qu'o me diche écheti qu'il o prins pi volè che curè, et pi qu'i disoit:

— Fut-che, i n'o ni femme ni enfant à norrir; est bien foit.

Pére et mére, os vous en mouquez; os vous en mordrez les peu, les peu os vous en mordrez. Hélas! os serez bien saisis quant os voirez che grand diape aveu tous ches quiouts marmiton qu'i varont pour vous entriner da le cœudiére d'ieu cœude, tout boullante, qu'a fero glou, glou, glou, glou, qu'os voirez des grous crapeud qu'i vous harperont pa le nez; os érez bieu braire, huigner, vous égargater de crier: « A l'aide! A mi! jé me meurs! Eje n'en peux pu! » Personne n'iro vous déraquer, 'a sero pour l'éternitè.

Quoi que ch'est que l'éternitè? Ch'est pet-ête tréne chent mille an. Quant j'y pense, éje tranne éde peur. Mais, quant i foro venir à che grand jugement, iou qu'os serons tertous? Os serons tertous mis tout nus comme des quiouts gairchon quant i s'en vont baingner. Quant os entendrez le trompette, éche tambour, ches sifflet, os trannerez d'enne diape dé forche. Os voirez quate grosses fusèe de fu, ches moison qu'i brûleront comme éd's alummette; éje crois qu'os vous étouperoit bien le treu du cul aveu enne graine d'olliette.

Et pi mi, quant i me feudro réne compte mout à mout de vou pieu, qué compte éque j'en rendrai-ti? J'en sut bien en peine, bien en peine j'en sut. Eje crois qué je n'érai qu'à m'enfuir, o bien qu'à me mucher d'un quiout cuin; i n'éro point lo à foire el quiote bouque; i foro dire tout chan qué je sérai, et pi quoi que j'ai foit de vou pieu. Mais quant el Seigneur i me diro:

— Men sire Gringoire, rendez vous compte ichi, éje li répondrai:

— Seigneur, os m'avez donné des berbis galeusses, éje vous s'zé rends tigneusses, tigneusses éje vous s'zé rends.

Et pi je dirai qu'os ne volez point vous corriger; vlo tout chan qué je dirai.

Mais quèche qu'o prins et volé da che gardin de nou clerc el carotte qu'al étoit si bien montèe en semenche? Ch'étoit tout le pu béle dé che hout; éche povre homme el vlo bien décarottè à che-t-heure; i n'n o le cœur copè.

Nou boucher i n'n o aussi da l'aile; il avoi achetè un grous et gros porcheu qu'il o tuè pi pendu à sen planquer da sen fornil. Ches coquin il y ont 'tè pendant le catéchime; il ont copè le téte pi ches quate gambon; i n'ont mordiu rien laissiè.

Ah ça, si os vous n'n avoit foi autant, quoi qu'os diroite? Os diroite qu'a n'est point honnête, honnête point 'a n'est.

Vlo men prummier point.

DEUXIÈME POINT

Reddite, donc, *quœ sunt Cœsaris Cœsari, et quœ sunt Dei Deo.*

Foites taire ches quien et que personne éne peupre point. Rapportez ches gambon, voleu; rendez le carotte, gardineu; rapportez ches poire, pendu et hocheu. Et pi vous, joines file, qu'o ne vous voiche pu da ches bous aveu tous ches gairchon pour chercher des noisette, et pi, wardez-vous bien, tout au moins, dé ne point beyer ches feulle à l'envers; os êtes bien aises, oui, bien aises os êtes éque ches gairchon i vous boise-té tout leu seu. Patienche, quant os varez da le moison de Diu vous placher tous ches prummier, os voirez que jé ne canterai point de tout le jornèe.

Erevenons et pi prendons un molé haleine.

I me sanne à vir qu'i n'o des gens qu'i ne m'ont point poyé me dîme: *Reddite quœ sunt Cœsaris Cœsari,* mes boins ami. Vrai comme jé me tire el filet, ch'étoi un diape d'homme éque César; i mettoit putout se main à s'n épée qu'à se pochette. A vir ése mine, i vous éroit foit tranner de peur.

Eche grand Robert el vlo tout devant mi; i foit le sainte Mitouche, nen devroit-ti crever un dent; i foit tout gémir da che villache-chi, mais 'a n'éroit mie étè pour un de ses dent creux. Eche n'est mie nen pu César qu'il o foit queir éle tour dé che catieu; os nen voyez coire ches ruinne. I se foisoit bien poyer, cheti-lol. Cheti qu'i ne voloit point poyer se dîme, i le copoi en quate comme nou vieu. Os êtes bien aises éque jé ne sut point César, bien aises os êtes. Ch'est chan qu'i foit qu'os ne vous mettez nen pu en peine éde mi qué de vou cot. Os jappez tertous ensanne; quant os êtes à le cloyette (1), os vous veutrez (2) dé che curè.

— Il est à s'n aise, qu'osdisez; il o bien à foire d'argent; qu'i s'attenche que jé n'n i en porte; ch'est pour sen nez, men cul.

Vlo comme o pale éde mi. Patienche, j'érai m'n érevenche. Nous marguillier et pi nous sonneu i disaint dergniérement:

— Messire Gringoire os avez prèchè l'eute jour qu'os seroime tertous damnès si os ne pensoime poin à nou salut. Si étoit vrai chan qu'os nous

(1) Petite porte faite avec une claie servant de passage à un jardin.

(2) Rire à gorge déployée, « rire à gafée. »

disez, os seroime tertous comme des huguenout dé le Turquie.

J'ai dit lelo? Eh bien, i foro que tout lelo fuche, pace qu'os êtes tertous méchants comme des lion rouches.

Ch'est lo que j'érai m'n érevenche da me caïéle éde véritè, iou qu'os ne volez point m'acouter, acouter point os ne volez.

Eh bien, 'a n'iro point comme i vous sanne à vir. Os érez bieu dire: « Messire Gringoire ! » jé ne répondrai point nen pu qu'os n'avez volu réponne pour mi moison dé che sergier pour dé le tiretaine qué je volois acheter pour mi foire enne suténe: éje répondrai putou à ches cot quant i miaule-te.

Ayez un molé de tire-panche, mes boins ami. A cœusse qu'os ne poyez point me dîme? I me sanne à vir qu'i n'o lo quéqu'un qu'i di à part li:

— Quant nou curé i prêche, ch'est tout comme si nou cot i miauloit.

Qu'i vienche-te à le confesse, éje les renvoierai bien par éde lo el tant pi; éje les capitrai à le coïette.

Pus qué me vlo, i feut qué je vous diche un quiout mout du viu Testamen. Acoutez-me.

Un jour, i n'avoi un grous morvatier et pi deux-trois galorieu quertus qu'i couraint da ches camp comme des leu; il allaint da ches gardin hocher tous ches pumme à le fin dé le parfin; i volaint comme des diape volants, si bien qué le bon Diu, hodè éde leu pieu, i leus o envoyè un grand diape pu grand éque Gargatua et pi pu fort éque Sanson ; i s'z o cairquè dessur sen dous et pi i s'est en allè à tous les diape; o né s'z o point vu sortir édepuis che temps-lo.

Pour mi, je crois qu'i sont da l'enfer jusqu'à

leu gueule, pace qué le bon Diu il l'o dit, quant il o dit: *Qui judicat, jam judicatus est.* Eh bien, s'zé vlo jugès; is y sont, nou boin? qu'i s'y tienchete; il ont bieu huigner et pi leus égargater de crier:

— Ouisette! ouisette! éje nen peux pu, éje m'en vos brûler!

Vlo un bieu miloir pour vous; 'a doit vous apprénе pour l'avenir; vlo comme o s'zé grinche quant i font el hergneu da che monne-chi. Aprés tout lelo, s'i vous arrive du mo, éje men décairque.

TROISIÈME POINT

Ah çà, *Reddite,* donc, *quœ sunt Cœsaris Cœsari, et quœ sunt Dei Deo.* Poyez-me un molé me dîme el l'énèe-chi; os le povez, os avez feuquè vous prè, os avez engrangè vous gavelout, os avez foit de toute; os avez biécœup de coquelet pi de pouillette, des quiouts aigneu et pi des cochon, et pi des dinout; portant, os ne m'o point poyè me dîme. Acoutez, i n'o pu rien da men gairgnier; éme cafe al est fin sèque; portant, i feut qué je viche. *Reddite quœ sunt Cœsaris Cœsari,* et pi os serons boins ami. Os vous dirons à che-t-heure: *et quœ sunt Dei Deo*; et pi, si os volez me croire, égalisez-vous à foire vou salut, et pi venez à mi qué je vous remèche da che boin quemin. Si os me volez croire, éne beyez ches bien d'ichi-bos que comme érien, mais pensez à cheti d'en heut qu'il est bien pu boin et pu meilleur.

Ah çà, éne laissiez pu aller vous file à le débeuche ni à le veile aveu ches gairchon qu'i hinque-te et qu'i guigne-te éche manche éde leu rouet pour leu frotter le groin à le fin dé le parfin; i font du bieu patrouillache; i n'éro des panche plaines et pi ches mére i brairont et pi i s'égargateront; mais i ne sero pu temps de braire ni de s'égargater; i foro atténe qué le poire al fuche meurte pour qu'al queiche.

I n'o des pendues de lanque da che villachechi qu'i sont assez hardies éde dire qué me méquinne al est béle, bien foite, bien gentie et pi qu'al o dé le constanche pour mi, qu'os n'avons qu'enne terrinne pour nous deux et pi qu'al menche des soupe aveuc mi, éque jé n'n engronnerois mie un morcieu qu'a' nen menche el mitan. Qué lanque éde serpent médisantes! I n'n ont bien menti chent pied da leu gueule: i voit-te un quiout morcieu de paile da l's yu de leu prochain et pi i ne voit-te-té mie enne rongnie qu'i s'en vo leu broyer leu téte. A le plache d'ête songneux de vou salut, venez tertous vite, ém's ami, qué je vous apprenche el *tu autem*, et pi qué je vous monte éche quiout quemin pour vous mener à che grand quemin qu'i mènero à le messe, à veupe, au catéchime, à l'offranne pour donner le pu béle frinne pour ches pain bénits.

Mais, devisons un molé de nous érelique. Ch'est enne honte: o ne les boise nen pu que des quien. I n'o da che platieu d'argent des cavieu dé le béle Hélène; i n'o coire éche talon d'un seuler dé l'l apprenti de saint Crépin; os avons coire éde pu béles et de pu vieilés érelique qu'i n'o da tout le monne. Os avons da l'l ormoire éde bous ganne el mitan dé che seutier de David éde nou pére Adam; éche capelet dé se femme Eve, nou prummiére mére; enne manche dé le quemisse dé le prummière véture d'Abel; enne plumme dé le corneile éque Noé il o lachée dé l'l arche; ches cœuche éde Pharaon; du verglas du temps de

Vespasien; i n'o ches chabout de Salomon quant il alloit glainer da ches bous; da tout l'lormoire, os voyez le buire dé le Samaritaine quant note Seigneur il étoit si essapi; i n'o coire éche bordon de saint Pierre quant il étoit pélérin de saint Jacques (1). Eche quiout saint qu'il est par driére men dous, aveu se rope tout arrachèe, i n'n o pu foi à part li qu'un chent d'eutes.

Os ne pensez mie portant à tout lelo; os y devroite bien portant penser: *Reddite quœ sunt Dei Deo.* Acoutez, foite d'un diape deux. Comme éme vlo recrane éde nen dire tant, venez tertous, m's ami, vite, et pi dépéchez-vous par ête éde ches élu, non point de ches grises minne; foites tout chan qué je vous dirai, et pi le Seigneur i vous donnero à tertous chacun enne quiote cahutte dorée de ganne aveu des bieux diamant, des caïéle pour vous mette à le coïette tout le temps de l'éternitè, et pi os mengerez du boin rôti et pi du boin chuque tout vou seu, 'a vous rendro tout d'enne morsuire dé l'l ambroisie dé le toute puissance iou qu'o ne fero point de piteusse mine; aveuc li, os canterez au son dé le trompette dorèe, os danserez au son dé le cormusse d'argent; os serez aises comme des quiouts cot. Chan qué je vous souhaite à tertous autant qu'os êtes.

(1) Dans l'édition de 1823, on a ajouté; « el téte éde Mirabeau, enne pierre édc la Bastile, l'épée de la Fayette et pi quéques grain de patriotisme. »

III

DIALOGUE

Entre deux petites paysannes et un Médecin

— Bojour, monsieur che médecin.

— Bonjour, mes enfants. Qu'est-ce que vous me demandez ?

— Monsieur, os venons vous consoler et vous demander quéques drogue pour man mére qu'al est malate d'un pintelot.

— Bon. Qu'est-ce qu'elle a, votre mère ?

— Monsieur, o dit comme lo qu'al o des voleu da se téte, des fléme da s'n estomac, pi coire les fieufe.

— Qu'est-ce que vous lui faites prendre à votre mère ?

— Ah! monsieur, M. le Curé il o bien défendu qu'o princhе érien.

— Je ne dis pas cela, mes enfants; qu'est-ce que vous lui faites avaler ?

— Al humme du bouillon, monsieur, pi al menche des soupe.

— Va-t-elle bien à la selle ?

— Monsieur, a' ne vo ni à séle ni à blatiére.

— Ce n'est pas cela que je vous demande; pour parler français, ch..-t-elle bien ?

— Ah! monsieur, a' nen quie pus en enne fois qu'os nen séroite menger en deux.

— Bien obligé, mes enfants. Vous direz à votre mère qu'elle se ménage et qu'elle fasse diète.

Les enfants crurent que le médecin ordonnait à leur mère d'avoir soin de son ménage et de chasser les guèpes.

L'histoire ne dit pas le reste...

TOYE. — IMP. H. JEANSON

www.ingramcontent.com/pod-product-compliance
Lightning Source LLC
LaVergne TN
LVHW052022160826
845678LV00003B/1168

* 9 7 8 2 3 2 9 6 3 5 5 8 3 *